들꽃 선생님

제47차 기획시선 공모당선 시집

들꽃 선생님

시산맥 기획시선 156

초판 1쇄 인쇄 | 2025년 8월 5일
초판 1쇄 발행 | 2025년 8월 10일

지은이 강옹순
펴낸이 문정영
펴낸곳 시산맥사
편집주간 김필영
편집위원 최연수 박민서
등록번호 제300-2013-12호
등록일자 2009년 4월 15일
주소 03131 서울특별시 종로구 율곡로 6길 36. 월드오피스텔 1102호
전화 02-764-8722, 010-8894-8722
전자우편 poemmtss@naver.com
시산맥카페 http://cafe.daum.net/poemmtss

ISBN 979-11-6243-611-0 (03810) 종이책
ISBN 979-11-6243-612-7 (05810) 전자책

값 12,000원

* 이 책은 전부 또는 일부 내용을 재사용하려면 반드시 저작권자와 시산맥사의 동의를 받아야 합니다.
* 이 책은 교보문고와 연계하여 전자북으로 발간되었습니다.
* 본문 페이지에서 한 연이 첫 번째 행에서 시작될 때에는 〈 표기를 합니다.
* 저자의 의도에 따라 작품의 보조 동사와 합성 명사는 띄어쓰기가 달라질 수 있습니다.

들꽃 선생님

강웅순 시집

| 시인의 말 |

생명의 이치가 없고
갈무리하는 방법도 모른 채
뭇 생명을 기른다면
습한 곳에 맞는 것은 마르게 되고
추위에 맞는 것은 더워지게 되어
곧 시들어 생명을 다할 것이다.

몸과 마음을 해치고
천성을 거스르며
사람을 기른다면
연꽃 세상은 흙탕물에 물들고
매화 세상은 어지러움에 뒤덮여
매화도 연꽃도
곧 시들어 말라 죽게 될 것이다.

끝을 헤아리지 못하고 달려온
지난 36년 교직의 길이
100미터를 달려온 아이처럼
한참 숨을 시근대며 멈춘다.

세상살이에서 만난 사람들과
교육의 길에서 만난 사람들이
맑고 곧은 정성으로
사랑과 자유의 의지로
평화로운 세상을 이룬다면
봄날의 식물로 함께 꽃 필 것이다.

상준! 유하!
잘 자라서 고맙다.

그리고
함께해준 당신!
참 고맙습니다.

2025년 여름 구성에서,
강웅순

■ 차 례

1부

가을마당이 저물어	19
흰 구름 가는 길	20
결별	22
그 사람	23
당파 씨앗	24
베란다 빨랫비누	25
보리개역	26
봄소풍	27
아버지의 가을	28
아버지의 침묵	30
어머니의 손 2	31
어머니의 아침밥	32
어미의 호미는	33
정희 누나와 정갑이	34
여름의 꿈	36
질경이 행수 엄니	37
풀씨의 성토$_{盛土}$	38
97세 이모님이	39

2부

대목豪木	43
들꽃 선생님	44
우리 학교	46
가을은	48
3학년 4반 반장 선거	50
가을 나무 가을 열매	52
반성문을 쓰다	53
세월호 10주기	54
손등버섯꽃	56
수평	57
스승의 날 아침에	58
오늘은 무엇을 배울까?	60
짤짤이 선생님	62
평온의 숲	64
여름 방학	66
개근 거지	67

3부

오동꽃 감꽃	71
도라지꽃	72
돌가시나무	73
모과木瓜	74
산딸나무에게	75
가죽나무 벚꽃	76
원추리	77
잡초 다섯	78
자귀나무 1	80
쥐똥나무	81
쥐똥나무꽃 울타리	82
찔레나무	83
청미래덩굴 청가시덩굴	84
참죽나무 브로치	86
치자꽃 순백	87
할아버지 소나무	88
한식날 고사리 인사	90
회양목	91

4부

엉겅퀴	95
근로자의 날	96
길	97
나무상자에 못질을 하다	98
나의 내일	99
남방큰돌고래	100
노름꾼 뽕산	102
대한국민	103
도끼야 도끼야	104
매미의 자유	105
배냇저고리와 삼베 수의	106
살구나무 마을	108
생사일여生死一如	109
소서小暑의 -소서	110
손돌바람	112
겨울밤	113
홍산마늘 홍성마늘	114
회색 울타리	115

■ 해설 _ 그리움의 힘을 인화해가는 서정의 사제(司祭)
  유성호(문학평론가, 한양대학교 국문과 교수) _ 117

1부

가을마당이 저물어

여물 써는 소리 헛간에 묻히고

굴뚝새 흩어지는 불나무 화음에

쇠죽 끓는 가을마당이 저물어

열사흘 달빛 젖는 저녁 싸락눈

그리움 글썽한 여물 솥 눈물점

흰 구름 가는 길

가마솥에
쇠죽을 끓이던 조부는
목상여 행렬에
상두꾼 뒷소리로
종산에 오르고

쇠죽을 먹고
논밭을 갈던 백부는
빈 상여 댓돌이 장단에
선소리꾼 요령 따라
선산에 들었네

소를 판 돈으로
학교를 마친 선고는
꽃상여 리무진
산유화 느린 곡조로
은하수를 건넜네

말 없는 고인처럼
떠나간 소들은

여물을 끓이던
저녁연기 따라올라
흰 구름에 묻히었네

* 상두꾼이 상여를 멜 때는 전날 저녁에 미리 상을 당한 집에 모여 상두꾼을 구성하고, 각자의 위치를 잡아 빈 상여를 메면서 예행연습을 한다. 이것을 '대드름', '댓돌이'라고 한다. 상여가 장지를 향할 때는 앞소리꾼의 앞소리에 맞춰 상두꾼은 뒷소리를 부르며 행렬을 가다듬는다. 상두꾼이 부르는 이 노래를 만가(輓歌)라고 한다. 앞소리꾼은 만가를 부를 때 워낭을 흔들며 앞소리를 부른다.

결별

소를 팔러 가는 날
할아버지는 새벽부터
쌀겨를 두 바가지나 더 넣어
말없이 쇠죽을 끓였다

외양간에선
구유통을 비우는
목젖의 힘줄에 따라
워낭이 자꾸 흔들렸다

이슬 젖은 마당에
빗자루를 든 할머니는
곱게 곱게 잔등을 쓸었다

결별이 처음인
그렁그렁한 아이는
송아지가 되었다

그 사람

봄 달래 같은 사람
하얀 자두꽃 같은 사람

한여름 감참외 빛깔인
원두막 지나는 산들바람인

늙은 호박인 그 사람
쭈그렁 대추인 그 사람

억새꽃 희뜩희뜩한
싸락준 싸락싸락한

당파* 씨앗
- 이기영 아우

소만 이틀 전에 소천하신 어머니는
채전에 당파를 심어서 손주로 키우셨다

텃밭을 일궈 푸성귀를 기르시는 일은
어머니의 천금의 낙이요, 생의 꽃이었다

고향 마을 이장님이 전화하셔서
하지가 가까우니 뽑아 그늘에 말리라 했다

마른 당파 씨앗 20kg을 해종일 다듬어서
어머니가 생전에 거래하시던 상인에게 넘겼다

씨앗 값으로 받아 든 4만 4천 원을
어머니 산소 상석에 매웁게 올렸다

내가 매워서 당파가 울었다
당파가 매워서 내 눈이 아렸다

* '쪽파'를 뜻하는 경상도 지방 사투리.

베란다 빨랫비누

손빨래용 무궁화표 세탁비누를
베란다에 놓고 당신처럼 쓰시더니
손도 무릎도 무지러진 몸이 되어
온몸이 새털처럼 잔금으로 갈라지고
목덜미는 딱딱하게 굳어 잘도 부스러졌다
겨울 추위에 뒤틀어진 벌집 모양으로
비누의 마지막 향기마저 말라버려
이젠 표백의 진물도 나오질 않는다
아버지의 밥벌이 땟국을 씻겨내고
가족의 눈물주머니도 닦아내던
당신의 따뜻하고 단정했던 온몸이
초겨울 서리처럼 녹아내리고 있었다
어머니의 뒤꿈치가 닳아 갈라지고
지문 없는 손가락이 뒤틀려 있었다

보리개역*
- 김종환

늦가을에 돗통시에서 파낸 거름을
뒷마당 한쪽에 펴고 보리 씨를 섞는다
조랑말 고삐를 잡고 거름을 짓이겨
돌밭의 이랑 사이로 골고루 뿌린다
겨울이 지나고 봄바람이 지나서
소서와 초복에 누렇게 익은 보리는
목숨이 살아가는 중한 먹거리가 된다
중하仲夏에 어쩌다 비라도 내리면
보리 이삭을 주워 온 대가로
어머니는 보리개역을 만들어주셨다
무성한 콩밭 김매기가 면제되는
비가 와서 몸이 호강하는 시간이었다
대서에 오늘도 비가 내리고 있다

* '보리개역'은 볶은 보리를 맷돌에 갈아 미숫가루를 만들어 물에 타 마시거나 밥에 비벼 먹는 제주특별자치도 제주시 지역의 향토음식이다. '개역'은 미숫가루의 제주 방언으로, 볶은 보리나 콩 따위를 갈거나 빻아서 만든 가루 음식물을 말한다.

봄소풍

국민학교 4학년의 봄소풍날이었다
어머니는 도시락에 인절미와 달걀을 싸주셨고
아이스케키와 사이다 값으로 이십 원을 주셨다
어미 찾는 강아지처럼 이것저것을 구하다가
(어머니가 주신 돈으로는 부족하다는 생각으로)
학교 옆에 있는 면사무소를 찾아갔다
서른 중반의 아버지가 면서기로 있었다
아버지는 십 원짜리 세 개를 더 주셨다
그 돈으로 먹고 싶은 것을 사 먹고
친구들과 딱지를 사서 저물 때까지 놀았다
아버지는 십 년 전에 소풍을 끝내셨고
어머니는 아직도 내 봄소풍 비밀을 모르신다
(아마 알고 계셨어도 말하지 않았을 것이지만)
내가 얼마나 많이 못된 놈인가를……

아버지의 가을

1
어린 것들과 언제나 함께할 줄 알았으나
아이들이 떠난 집은 금세 방전된 평화다
마음이 어두우니 산천이 더 어둡고
사무치는 것이 많은 밤이 지나간다
누군가의 자식으로 사는 일이 쉽지 않지만
아버지의 아들로 쉰 몇 해를 살았다
누군가의 아버지로 사는 일도 쉽지 않지만
아이의 아버지로 서른 몇 해를 살고 있다
아버지는 자신을 위해 무엇을 소유하지 않는다
마당 가에 심어놓은 살구나무와 대추나무
새 구두와 손수건까지도 다 내놓는다
우리 삶은 아버지의 눈길에 머무는 결실이다
아버지는 그저 침묵으로 자식을 바라보며
오늘도 가정이라는 울타리를 고친다
단단한 마당이 되도록 날마다 비질을 한다

2

아버지는 배를 만드는 목수다
빛과 따뜻함과 웃음만의 행복이 아니라
바람과 구름도 헤쳐가는 가정을 만든다
아버지는 세상이라는 바다를 항해하는
가정이라는 배의 선장이다
선장의 가을은 무게를 측정할 수 없다
아버지가 거둔 그물은 비어 있을 때도 있다
오늘도 항해하는 아버지의 가을 바다는
바람이 불고 비가 내려서 춥다

아버지의 침묵

사랑한다고
말하지 못했습니다

보고 싶다고
더욱 말하지 못했습니다

말씀이 없어서
관심이 적어서
뭘 잘 알지 못해서
안 보는 줄 알았습니다

봄이 되어
새잎이 돋은 후에야
겨울의 그 빈자리를
몸으로 알게 된 것처럼
그 침묵의 마음을 알았습니다

사랑한다고
보고 싶다고
침묵으로 말해도
잘 들리는지요?

어머니의 손 2

귀가 어두워 잘 알아듣지 못하고
걸음도 잘 걷지 못하는 어머니
나를 이 세상에 데려온 후
아직도 마음의 벽을 허물어주시는 당신

어머니 손바닥엔 손금이 없다
종부라는 그릇에 녹고 녹아서
엄마라는 부름에 타고 또 타서

우리 어머니 손끝엔 손톱이 없다
반짇고리 밥상머리에 닳고 닳아서
식구라는 입에 밀리고 밀려서

우리 어머니 손마디엔 혹이 있다
세월의 마디가 뿌리로 자라서
몇 개의 소산을 이루었다

어머니의 손에는
반지 하나도 살 수가 없다

어머니의 아침밥

소한이 이틀 정도나 지난 아침에
문둥이 둘이서 우리 집엘 찾아왔다
처음에는 먹을 것을 내놓으라더니
쌀이나 보리, 고구마 등을 더 달라고 했다
보름에 한두 번 더 찾아왔다가
차츰차츰 얼굴이 익숙해지자
이젠 쇠죽가마 아궁이에 앉아 추위를 달랬다
그들은 어머니에게 아침밥을 달라는 눈빛이었고
어머니는 그들에게 식구들의 아침밥을 내주었다
나와 동생은 무서워서 밖으로 나오지 못하고
문틈으로 귀를 세우며 그들을 보고 있었다
그들은 쇠갈쿠리 손으로 밥을 맛있게 먹고
뭐라고 인사를 한마디하고 떠났다
어머니는 가족들의 아침밥을 또 지었다
나는 어머니가 무서워지기 시작하여
밥 타령 반찬 타령을 하지 않았다
그 후로 어머니는 아침밥을 자주 거르셨다

어미의 호미는

땅에 묻힌 냉이를 캐고
콩을 심고 김을 매고
웃자란 것을
촘촘한 것을
군데군데 솎아서 자라게 한다

억척이 전답을 이루는 마을에
아들은 호모呼母라 부르고
어미는 홀쩍 떠난 영감이라 여긴다

산세와 풍경에 따라
제 몸으로 사는 존재처럼
호미의 모양과 길이가 다 다르다
낫형 세모형 보습형 호미

어미의 호미는?

정희 누나와 정갑이

1
열아홉 정희 누나는 동네 바위샘에서
물동이에 물을 가득 담아 이고
손잡이도 잡지 않고 잘도 걸었다
예닐곱 살 우리들은 물동이를 흔들어대거나
마구 놀려대면서 앞길을 가로막기도 했다
누나는 그런 놀림에 흔들림 없이 잘도 걸었다
농사일도 잘하고 가축도 잘 거두며
집안 살림을 나무처럼 일으켰던 누나는
우리가 입학할 무렵 후동으로 시집을 갔다
농사꾼 남편을 만나 남매를 낳고 살다가
어느 날인가 정신이 혼미해져서 돌아왔다
왜 그런지는 아무도 말하지 않았고
얼마 후에 다시 집을 나가 찾을 수가 없었다
아이들은 각자 길을 찾아 도시로 떠났고
남편은 아내를 찾아 인근 주점을 떠돌다
몇 해 만에 돌아와 술만 마시다 떠났다

2

누나의 동생 정갑이는 생활이 억척스러워
열일곱에 아랫마을 황 부잣집에 머슴으로 갔다
머슴살이 3년 만에 송아지를 기르고
몇 년을 더하여 뒷산의 다랑이 논도 장만했다
연이은 머슴살이로 새롭게 집도 짓고
베트남 처녀와 결혼하여 아들 둘을 얻었다
아이들이 성장하여 학교에 들어갈 무렵
부인은 누군가의 전화를 받고 자주 집을 비웠고
어떤 때는 며칠 만에야 돌아오기도 했다
지난봄 집을 나간 뒤로 영영 돌아오지 않았다
아이들과 정갑이는 아내를 찾아 나섰으나
어디로 갔는지 알아낼 길이 없었다
저학년 아이들은 할머니와 함께 살고 있고
정갑이는 오늘도 나그네로 살고 있다

여름의 꿈

장독대 앞

봉숭아

채송화

그리움
모아서

여름을
물들이네

질경이 행수 엄니

행수 엄니는 딸만 일곱을 낳았다
본처였지만 아들을 못 낳는다는
시부모의 억살맞은 구박살이에
검댕 부뚜막 눈칫밥으로 살아가는
줄기가 없는 땅바닥 질경이였다
읍내에 첩살림을 차린 남편은
깻잎 같은 아들을 하나 얻었고
달포에 한 번씩 본처에 드나들었다
깨알 같은 일들이 신경을 세워
잦은 싸움 끝에 첩은 서울로 떠났고
깻잎은 본처가 데려와 토란잎으로 키웠다
첩이 떠난 이듬햇가 남편은 객사했다
생모보다 양모를 더 잘 따르던 행수는
마음이 크고 성글한 토란잎이 되었다
행수 엄니는 아들 복이 가을 토란이었다

풀씨의 성토盛土

어제의 형제가 잠든 현충원에 가려다
사립문 잠 못 드는 향리로 길을 바꿨다
저물녘 대숲에 모여드는 박새처럼
이런저런 풍상들을 품고 있는 툇마루 집
노모의 감나무 집으로

오월은 산문山門으로
지고, 꽃잎 시들한 묘지에
여무는 풀씨의 이름으로 성토를 했다
유월은 찔레꽃으로 환해지리라
적막한 아버지의 집으로

골담초 꽃버선 울타리 집
이웃에서 서산 마늘 두 접을 샀다
열무김치 한 통을 덤으로 얹어 주었다
아욱과 상추도 곱게 합장했다

대숲이 산이 된 감나무 집
굽어진 흙벽에 노을이 들고
내 가슴엔 비가 들었다

97세 이모님이

십수 년 넘게 요양원에 계신 이모님이
90세 노모를 뵀으면 하고 노래하셔서
곡우에 부여 객사에서 하룻밤을 같이 브냈다
휠체어에 앉아 박물관의 꽃들을 보시고,
정담을 나누며 사진을 찍고,
노랫가락도 한 소절 하셨다
부연 헤어짐의 시간이 되자
'지금처럼 언제나 또 볼 수 있을는지?'
'동상! 잘 가…, 내년에 또…'
(오는 날이 가는 날이라 생각하니)
세상살이의 만남과 헤어짐은
웃음과 눈물을 모두 지닌
삶의 중심이고 균형인 것을
서쪽 하늘 노을이 알렸다

2부

대목臺木

감나무 대목은
고욤나무

사과나무 대목은
아그배나무
야광나무

유자나무
귤나무 대목은
탱자나무

아이의 대목은
부모나무

들꽃 선생님
- 박정석 선생님

고등학교 3학년 국어 선생님은 세 분이셨다
고전 시가를 떡밥으로 먹인 해바라기 선생님
소설 현장을 역사에서 꺼내준 들꽃 선생님
명태가 사는 바다를 노래한 여치 선생님

문법 시간엔 명언의 근원을 찾았고
문학 시간엔 방언의 음색을 더 찾았다
오늘을 나누고 쪼개던 표준 문법이
어제를 더하고 합치던 향토 문학이
닫힘보다 열림의 시간이 뜨거웠다

달빛으로 빛나던 들꽃 선생님은
고전과 현대를 넘으며 우리를 일깨웠다
고전은 세상의 물결에 묻혀 지워졌고
현대는 아직도 가슴에 세 들어 살고 있다
빙허와 하이네와 안톤 슈낙은
파도와 침묵의 소리를 듣게 했고
'불귀'와 '농무'와 '거대한 뿌리'는
하늘과 구름을 다시 보게 했다
노작과 수주의 '명정酩酊 40년'은

진정한 주도酒徒의 멋을 보여주었다
졸업을 앞둔 3학년 마지막 시험에
'평화'란 무엇인가? 서술 문제가 있어
처음으로 아주 낯선 시험을 치렀다
평화란 들판에 핀 꽃의 질서이거나
모내기 마친 무논의 개구리울음이라 적었다

40년이 넘게 흐른 지금,
지팡이 하나에 의지하는 은빛 하루도
세상을 읽고, 자연을 읽으며
귀물 제자들의 삶도 영혼도 읽으신다
해창막걸리 한 사발에 마음이 환해지면
'세상에 자네들이 가장 큰 귀물이네'
평화주의자 선생님은 아직도 다병多病하다

우리 학교

봄맞이꽃 아침을 열고
벚꽃 목련이 내일을 꽃피우는
개나리 소녀들이 꿈꾸는 학교

무궁화 배롱나무가 여름을 태우고
꽃사과 산사춘이 가을로 여무는
마가목 소년들이 성장하는 학교

태양의 맨발이 드러난 운동장에
마음 구겨진 꽃들 하나 없는
하늘 높이 공을 차는 학교

흰 구름 궁전이 바라보는 교정에
새들이 파아란 알을 낳고
그 새끼들을 잘 기르는 학교

평화의 시화를 그리는 국어 선생님
눈이 맑고 귀가 밝은 초임 선생님
바람 소리로 합창하는 음악 선생님
체험학습을 혼자 떠나는 사회 선생님

교문이 선생님처럼 활짝 열린 학교

꽃이 피면 꽃들과 눈을 마주하고
비가 오면 빗소리에 귀를 내주고
눈이 오면 함께 눈사람이 되는
교정이 사계절 살아 있는 학교

오늘도 하루가 단단해져서
배움터에는 새싹이 환해지고
밤하늘의 별들과 마주하는
학교들의 학교
우리 학교

가을은

산이 있어 살았다

들이 있어 견뎠다

눈물과 위안의
가을은

가을은
가난한 사촌보다 낫다

가을은
영특한 너보다 어질다

평등과 평화의
가을은

가을은
들처럼 내어주는 것
〈

가을은
산처럼 침묵하는 것

3학년 4반 반장 선거

고등학교를 졸업한 지 40년이 되는 봄
머리가 허옇게 드러난 급우 열댓 명이 모였다
전라도와 서울의 중간쯤인 계룡산 입구
동학사 언덕 단풍나무집에서 만나
열아홉 격랑을 헤치며 하룻밤 노를 저었다
저마다의 풍랑을 흑백으로 현상하던 밤
하늘의 별들도 함께하자며 내려왔고
밤새들의 울음도 목소리를 한결 낮추었다
교문을 함께 나섰지만 손끝을 떠난 풍선처럼
급행열차를 타고 먼저 떠난 친구도 있었다
반장이던 형렬이는 노래가 좋다며
노래하는 팔도 사나이로 살았으나
친구들의 주막집 심부름이 고단했는지
4반을 자퇴하고 가랑잎으로 먼저 날아갔다
소나무 쑥국새 소리에 가슴 시린 우리는
버찌가 까맣게 익어가는 소만에
부반장이던 현우를 반장으로 승진시켰다
투표지도 없이 당선된 반장 현우야!

이제 새로운 반장으로 뽑혔으니
앞으로 40년은 더 만나자
다음 반장은 누구지?

가을 나무 가을 열매

봄은 계절의 아이를 낳고
가을은 아이를 어버이로 만든다

고욤나무는 감나무를 낳고
산사나무는 산사자를 이었으며
마가목은 마가자를 생명으로 기른다

거미 없는 거미줄에 맺히는 이슬
참새 떠난 처마에 비치는 달빛
어버이 떠난 마당에 오르는 들풀들

계절의 가벼운 순환처럼
지고 온 멍에의 허물을 벗는다
허물어지는 낡은 담장처럼
삭아서 내려앉는다

반성문을 쓰다

아무런 죄가 없는
들판의 뱀과 개구리를
어린 장난으로 많이도 죽였다
돌멩이로 막대기로

산야의 언덕에
그 곱던 꽃과 나무를
참 무심히도 많이 꺾었다
초동樵童의 심술주머니로
눈으로 손으로

고요한 하늘 아래
시월의 중심을 지나며
봄여름의 망상을 돌아보니
그 아찔했던 생명들이
순간순간 번갯불로 떠올라
붉고 붉은 심장에
반성문을 쓰고, 또 쓴다

세월호 10주기

2024년 4월 16일 화요일 아침
오늘은 세월호 참사 10주기를 기리는 날이다
달력에는 '국민안전의 날'이라 적혀 있다
학급 조회 시간 교실 앞 모니터에는
세월호 참사 관련 추모 영상이
지각생처럼 쫓겨가며 방영되고 있었다
2학년 교실 입구에서 만난 담임선생님은
교실 앞에서 안으로 들어가지 못하고
부러진 분필처럼 불안하게 서 있었다
'도저히 교실에 들어가지 못하겠어요'
'아이들과 함께 영상을 못 보겠어요'
힘들어하는 선생님과 더 마주하지 못하고
묵언으로 쫓겨가는 내 발걸음도
방향타를 잃고 한쪽으로 기우는 배처럼
교문 밖 어딘가로 걸어가고 있었다
어디선가 선생님을 부를 것만 같은
잊혀가는 그들의 절규의 목소리가
닫힌 귀를 열어달라고 외치고 있었다
교문 앞에 횡단보도 신호등이

붉은 눈으로 나를 바라보고 있었다
고장 난 신호등은 지금도 수리 중이다

손등버섯꽃

국민학교를 마칠 때까지도
빠찌치기(딱지치기) 구슬치기에 빠져
하루 해가 서산을 넘는 줄도 몰랐다
짧은 겨울 낮이 어두워지기 시작하면
어머니는 울타리에서 밥 먹으라 부르셨다
송아지 덕석처럼 땟국에 절은 손등은
여기저기 터져서 피가 나고 쓰렸다
어머니는 그런 아이를 단정히 앉혀놓고
따뜻한 물로 손을 맑게 씻어 주셨다
그 손은 염원처럼 순해지고
강아지처럼 날뛰던 발길도 줄어서
청년이 되고 아버지가 되어
모국어를 가르치는 선생으로 살았다
이제, 정년의 날이 다가와,
세월의 얼굴로 마주잡은 손들이 아프다
어머니 손등에도 버섯꽃이 많이 피었다

수평

한쪽이 기울면
그 반쪽도 기운다

봄은 개나리로 건너오고
가을은 갈대꽃으로 넘어간다

햇빛이 흐리니 달빛이 흐리고
서책이 기우니 밥상도 기운다

수평에서 멀어진 두 눈에
흔들리는 심장의 박동

하늘과 땅이
땅과 하늘로
흐려진다

스승의 날 아침에

1
스승의 날 아침에 제자로부터 전화를 받았다
그는 삼십오 년 전, 교직의 출발점에서 만난 제자다
키가 작고 둥근 얼굴에 유난히 눈이 맑은 소년이었다
그간 사는 게 바빠서 서로 잊고 지내던 사이로
오십이 넘은 소년을 만나니 같이 늙어가고 있었다
스승 찾기로 연락처를 알았다는 것이다
스승 찾기 서비스가 우리를 오래 전의 시간으로
되돌리는 동시에 새 세상을 만나게 하고 있었다
혹한의 시기를 잘 견뎌온 서로에게 고마웠다
서로에게 감사한 마음이 사라지면 행복도 줄어든다

2
스승의 날 분위기가 예전과는 다르다
스승과 제자라는 관계의 믿음은 하난데
이젠 스승 찾기 서비스의 인기도 시들하다
은사를 보고 싶어 하는 제자도 줄어들고
찾는 요청을 달가워하지 않는 분들도 늘고 있다
교사들이 정보 제공에 동의하는 비율이 낮고

각박한 세상에서 사제간의 신뢰가 옛날만 못하다
하늘 같은 은혜와 끈끈한 정은 옛말이다
이름을 듣고 반갑게 반응하는 선생님도 있지만
곤란해하거나 하소연하는 선생님도 늘고 있다
제자에게 교사는 월급쟁이고 민원의 대상일 뿐이며
교사에게 학생은 스쳐 가는 한 고객일 뿐이다
학기 말에도 불안과 두려움과 실강의 눈으로
서로의 연락처를 알려주지 않은 채 돌아선다
믿음이나 관계가 사라진 지 오래다
관계가 희박해지고 감사한 마음이 사타지면
서로의 행복도 그렇게 줄어들게 될 것이다

오늘은 무엇을 배울까?

중학교 정문 입구에 들어서면
'오늘은 무엇을 배울까?'라는 팻말이
등굣길 까만 눈동자에 아침처럼 박혔다

고등학교 교문 출구로 나오려면
'오늘은 무엇을 배웠나?'라는 다른 말뚝이
돌아가는 뒤통수에 황혼으로 물들었다

오월 하늘에 잘 오른 솔 순 같은
사랑의 언어와 진실의 문장 구문은
아침저녁의 말뚝으로 배우고 익힌
규정과 속도와 정의의 형식이 되어
우리의 가슴속에서 잘도 죽었다

얼굴이 곱고 유난히 눈이 맑았던
풀여치 시인 선생님은
배울 만한 마땅한 것이 없구나
헤세의 '황야의 늑대'를 찾아보라 하셨다

섣달 열엿새 새벽달 얼굴이었던

다병多病한 들꽃 선생님은
달빛처럼 평화로운 것이 없구나
등불을 끄고 달빛 숨소리를 들어보라 하셨다

가을을 건너는 바람 속에
들꽃과 풀여치의 이슬이 묻어 있다
밤하늘의 기러기와 촛불은 보았으나
아직 황야의 늑대는 찾지 못했습니다

짤짤이 선생님

고등학교 시절에 마땅한 오락거리가 없었던 우리는 쉬는 시간이면 동전으로 일명 '짤짤이'라는 것을 했다. 짤짤이는 동전 몇 개를 손안에 넣고 흔들어서 동전의 개수 따위를 알아맞히는 놀이로 토막시간을 보내기에 적합했다. 손에 쥔 동전의 나머지가 하나나 둘 혹은 셋으로 떨어지는 것을 맞추는 게임이 벌어지는 짤짤이는, 도박 맛을 느끼는 섯다판이나 경마에 비해 아주 짧은 시간에 이루어지는 게임이다. 그 시절의 학교는 엄격한 규율과 체벌로 학생들을 다스리는 교육으로 매질과 구타가 다반사였다. 닭장 속의 닭처럼 교실에 갇힌 채 출구를 찾지 못한 우리는 이런 일탈의 게임을 몰래몰래 하면서 일상을 벗어나곤 했다.

어느 봄날 5교시가 끝나고 친구들 몇 명과 짤짤이를 했다. 6교시 국어 시간이 시작된 것도 모르고 우리는 게임을 계속했다. 수업에 들어오신 선생님은 짤짤이를 한 친구들을 앞으로 나오라고 했다. 우리는 범죄를 저지른 죄인처럼 쭈뼛거리며 교탁 앞으로 나갔다. 선생님은 앞으로 나온 우리의 얼굴을 한명 한명 자세히 보시더니, 저기 주전자를 들고 화장실에 가서 물을 담고, 세수할 때 쓰는 대야를 함께 가져오라고 하셨다. 어떤 체벌을 하려나 걱정하면서 선생님이 시킨 대로 주전자에 물을 담고, 대야를 함께 가져왔다.

그런데 선생님은 주전자를 들고 짤짤이를 벌린 우리 한 명 한 명에게 손을 씻으라고 하셨다. "세상에 가장 더러운 것을 만진 손을 깨끗이 씻었으니, 이제부터는 너희의 손도 깨끗한 손, 마음도 깨끗한 마음이다. 자, 어서 자리로 돌아가서 수업하자." 국어 선생님의 체벌은 이게 전부였다. 우리는 그 후로는 짤짤이를 하지 않고 졸업했다. 지금도 물이 담긴 주전자를 보면, 말하지 않고도 많은 말을 해주신 선생님이 떠올라 오염된 손을 씻고 싶다. 발화되지 않은 그분의 말씀으로 마음의 때를 씻고 싶다.

평온의 숲
- 황용현 박사(2021. 8. 29)

산하를 건넌
거친 발바닥이
학예를 넘은
목마른 가슴이
이제 평온하신가요?

맑은 영혼이
만세의 인정이
지상의 숲에서
하늘의 궁전에서
참으로 평온하신가요?

무정한 속세에
제기놀이하듯
그 환한 웃음
떨어뜨리지 않고
떠나지 않을 수 없으셨나요?

아비의 길에
두 용을 태우고

구름 속 학처럼
지금 여여如如 하신가요?

바둑돌처럼
단단하게
붓끝처럼
하얗게
내내 여여如如 하시길……

여름 방학

여름 방학이 시작되는 대서大暑
수십 번이 넘는 여름 방학을 보냈건만
푸른 하늘보다 회색 교실이 먼저였다
보충수업에 연수에 출장에……
저절로(自然) 나를 풀어놓지(放學) 못했다

"'방학'은 학교에서 학기나 학년이 끝난 뒤
또는 더위나 추위를 피하기 위하여
일정 기간 수업을 쉬는 일"이다

아이들은 고향도 외가도 서울이지만
나는 지금도 방학을 맞이하면
느릿한 장항선 비둘기호를 타고
고향에 홀로 계신 노모의 집이나
외할머니가 사시던 외가에 가고 싶다
푸르른 방학이 오면
절로 나를 풀어놓고 싶다

개근 거지

초등학교 4학년 아이가 '개근 거지'라네요
해외여행 한번 못 가는 어려운 형편이라고
학교만 꼬박꼬박 나오는 아이라고
친구들로부터 비아냥 놀림을 받는대요

'개거'가 뭔가 했더니, '개근 거지'라네요
국내 여행이라도 다녀올까 생각했지만
국내 여행은 쪽팔려서 안 간대요
부모가 가난해서 그런 걸 뭐
어쩔 수 없지요, 뭐

성실하고 근면한 사람이
남에게 빌어먹고 사는 사람으로
가난해서 학교에 개근했다고 조롱당하니
누가 누굴 탓하겠어요
아이는 어른의 거울이라는데
어쩔 수 없지요, 뭐

3부

오동꽃 감꽃

오동꽃 피면 향기로 온다기에
감꽃이 지면 열매로 간다고 했지

빗 낮이 들어 꽃을 심는다기에
빗 낮이 들어 장독을 덮으라 했지

봄비에 모종을 들고 텃밭으로 가자기에
가을비에 이삭을 메고 처마로 들자 했지

오동잎 지면 달맞이 길에 오른다기에
홍시가 피면 강변의 물길로 흐르자 했지

천변에 수척한 버드나무
고요한 수면에 겨우 닿을 때

하얀 물새들 날개 접은
적막한 저 하늘

도라지꽃

아름이와 서하가*
두근거림의 비밀을 나눈
봉긋한 꽃봉오리 풍선꽃
흰색과 보라색뿐
교잡이 하나 없는
첫사랑 순백

마지막 사랑으로
영원한 사랑으로
고요한 고립을 지키며
적막한 빈산에 수도하는
혼자 사는 여승 같은
오각형 풍선 별꽃

* 김애란 장편소설, 『두근두근 내 인생』의 주인공.

돌가시나무

옥토에 떨어지는 생명이길* 거부하고
돌밭이나 산기슭을 기어가는 땅찔레

위로만 올라가는 높은 찔레나무
아래로만 내려가는 낮은 돌가시나무

새 줄기엔 젊음의 붉은빛이
묵은 줄기엔 은은한 회색빛이

너는 어둠을 짚어가는 숙명
희망과 평화의 하얀 미소

* 김현승 시, 「눈물」 인용.

모과 木瓜

여름이
낳은

가을
참외

시고
떫은

지상의
맛

산딸나무에게

노령의 산딸나무여!
봄꽃이 힘에 부치면
이젠 좀
쉬어도 괜찮아요

당신의 마지막
몇 잎 연초록에
우리의 눈은
맑은 창문이어요

그간 피운 꽃들이
이미 하늘에 닿았으니
흰 구름을 베고
누워도 괜찮아요

늦가을 산딸나무여!
붉게 생이 익어가는
노령의 산딸나무여!

가죽나무 벚꽃

스님들도 먹지 못하는
가짜 중나무
하늘 높이 자란다는
하늘나무(天國나무)다

수꽃이 눈에 잘 띄어서
꽃이 피면 열매가 없고
꽃이 없으면 열매를 맺는다

여름의 태양 열매가
겨울나무 가지 끝에
봄까지 그대로 달려 있어
멀찍이서 너를 보면
향기 없는 벚꽃같이
두 눈이 황홀하다

원추리

꽃 한 송이 수명이 하루라
데이릴리Day lily라 부른다

하루 만에 시드는 목숨이
어디 너뿐이랴?

훤초萱草가 원초로
원초가 원추리로
생명을 이어온 꽃

욕망이 가벼운 꽃이기에
망우초忘憂草라 하는가?

원추리!
진심이 있는가?

잡초 다섯

바랭이
잡초의 여왕
우산풀 바랭이
다부진 왕바랭이

망초 개망초
개화기 빈집에
개화된 망초

흰 혀꽃에
노란 대롱꽃
달걀꽃 개망초

명아주
푸른 순이 돋는
명아주 청려장
허물어지는
노모의 지팡이

쇠비름
채송화 닮은
쇠비름 방석풀
사방팔방 살아나는
다섯 색깔 오행초
농사꾼이 두 손 든
미친 생존력

환삼덩굴
아이들 가슴에
훈장을 붙인
외래종 덩굴이
토종의 목을 감는
훈장풀

자귀나무 1

잠자는 게 귀신 같다는 나무
소가 잘 먹는 소밥나무라 한다
가늘디가는 명주실 타래를 풀어낸
꽃술의 그러데이션이 상품인 나무
'둔황의 사랑'은 소녀의 홍조라 했다
공작이 진분홍 날개를 펼친 듯
소녀들이 부채춤을 추는 듯
마주난 잎들은 해가 지면 서로 그리워
상호 금슬로 합환수合歡樹라 한다
가을바람 총각 바람 선선하면
기다란 콩깍지 열매들이
수다처럼 소란스러워
여설수女舌樹라 부른다

* 윤후명 중편소설, 「둔황의 사랑」.

쥐똥나무

쥐똥 조롱조롱한 쥐똥나무
북에서는 '검정알나무'라 한다
우리보다 더 담백한 맛이다
유백색 꽃송이는
들릴 듯 말 듯한 언어로
종종걸음 더욱 더디게만 한다
육지와 바닷가 생울타리에
해맑은 화살나무 회양나무가
산울타리 한 가족이로다

쥐똥나무꽃 울타리

하얀 쥐똥나무꽃 울타리에
덩굴장미 두어 송이가 더 붉다

쥐똥나무 부여잡은 박주가리가
녹색 심장 끌어안고 하늘에 오른다

초등학교 2학년 교실 울타리는
아이들 볼우물로 방시레 웃고 있다

초여름 유월 하굣길이
보슬비에 젖고 있다

찔레나무

산야에
그늘로 크는
찔레순
떫은 단맛

봄이 오면
하얀 찔레꽃
항아리 장꽃
은근한 장맛

가을이 여물면
끝알로 익는
빨간 열매
영실의 약맛

청미래덩굴 청가시덩굴

청미래덩굴
붉은 열매

청가시덩굴
남청 열매

청미래덩굴
망개나무
명감나무

청가시덩굴
청가시나무
민청가시나무

굴품한 겨울밤
떡장수 외치는
"망~개~떠억~"

순이 삼촌
한라산 굴속에

밥 지을 때
연기 없는 땔감으로
비에도 젖지 않는
청미래덩굴
청가시덩굴

참죽나무 브로치

대숲에 자라는
암갈색 참죽나무

5월에 지는
꽃봉오리

9월에 여무는
풋대추 같은

눈 위에
떨어진

황갈색
열매

네 가슴에
빛나는
브로치

치자꽃 순백

치자꽃 순백에
내리는 이슬비

대지에 스미는
촉촉한 꽃향내

초여름 우물가
초저녁 보름달

할아버지 소나무

소나무 숲에서 울리는
쑥국새 울음소리를 들었다
담뱃대를 손에 든 할아버지 소나무에
솔잎처럼 주름진 얼굴이 있었다

소나무 그늘에서 오르는
솔갈비의 그윽함을 맡았다
할아버지의 하얀 눈썹 위에
초저녁 굴뚝의 긴 연기처럼
겨울로 익어가는 밥 냄새가 있었다

한겨울 하얀 나무에
고단한 한 생애가 묻힌 나무에
송진이 하얗게 타고 있었다

영생이신

소나무여!
부디!

한식날 고사리 인사

증조부 산소 언덕 자리에
옥광과 대보 몇 식구를 앉히려고
삽자루가 땀나도록 구덩이를 파냈다

땀이 흘러드는 쓰라림에
눈을 씻고 허리를 숙여 앉아보니
송화처럼 붐빈 햇살에
봄 고사리가 허리를 펴고 있었다

어제처럼 햇나물로 꺾으려다
욕심의 군침 하나를 밀어 넣고
양지꽃 제비꽃을 바라보듯
그냥 그대로 두고 보았다

봄 고사리의 은빛 솜털이
청솔 바람과 인사를 건넸다

회양목

이른 자람은 오동나무요
더딘 자람은 회양목이라

견고한 차돌의 인내로
도량度量, 도량道場 하는
도장圖章나무!

열매가 익어서 갈라지면
부엉이 세 마리가 눈을 뜬다
영락없이 반질반질한 새끼들!

나처럼 뒤처짐이 많은 나무!

가을날 회양목 덤불엔
마른 참새들이 많기도 하다

4부

엉겅퀴

엉겅퀴는 짓찧은 잎줄기를 상처에 붙이면 피가 엉긴다
(삶은 하루하루 가슴에 엉겅퀴를 붙이고 살아내는 것이다)

지느러미엉겅퀴는 줄기에 미역 줄기 같은 지느러미가 달려 있다
(지느러미가 없는 삶은 여기서 살아내기가 퍽 고달프다)

큰엉겅퀴는 꽃송이가 고개를 숙인 채 피어 있다
(크고 여물수록 고개를 숙여야만 그 삶이 편하다)

고려엉겅퀴는 다른 엉겅퀴에 비해 잎이 넓고 갈라지지 않는다
어린잎으로 만든 곤드레나물의 본래 이름이 고려엉겅퀴다
(이름을 간직하고 갈라지지 않으며 살아낸 것이 아름답다)

엉겅퀴와 산비장이와 뻐꾹채는 개화가 비슷하여 구분이 어렵다
(다름을 인정하지 않고 같음만을 찾는 것은 시든 삶이다)

근로자의 날

오월 초하루 근로자의 날

하얀 쌀밥을 가득 담은 이팝나무

연보라 등불을 막 내건 등나무

하얀 쌀밥을 고봉으로 먹고

자줏빛 등불로 참 환해졌으면

길

집 대문을 나와

동네 골목길을 돌아

앞 개울 돌다리를 건너다

신작로 코스모스로 흔들리다

한양 철길을 무궁화로 달리다

강변 둑길에 시월의 물길로 흐르다

어느 녹슨 하구에 갈대꽃 노을로 넘다

억새꽃 산길에서 귀가 큰 토끼를 만나

계수나무에 기대어 하늘길을 엿듣다

나무상자에 못질을 하다
- 춘행이 아저씨

학교에는 가본 적이 없기에
글로 익힌 것이 하나도 없다
아홉 살 넘어 나뭇지게를 졌지만
까막눈 하얀눈 어깨너머로 배워
어지간한 일들은 다 해내며 살았다
목수일 농사일 지게꾼 잡일로
몸으로 뜨겁게 벌어먹고
못생긴 인생을 질기게 건너왔다
고희가 넘어 기력이 부쳐서
그중에 헐렁한 일로
과일이나 생선을 담을
나무상자를 만드는 일을 한다
세월의 굳은살 깊은 손으로
어수룩한 나무상자를 만들며
마른나무에 못을 박는다
(그래도 이적지 남의 가슴에
못 박은 적은 없다는 생각에)
(그 못질은 내게로 온다는 생각에)
오늘도 하루를 뒤집어 보며
나무상자에 못질을 한다

나의 내일

하늘 맑은 개천절에
노모가 계신 요양원을 찾았다
아내와 아들을 데리고

가까운 명태 명가에서
반 공기 점심을 드시고
차 한잔을 다 하지 못한 채
3층의 요양시설로 귀원 하였다

지난 봄꽃과 여름 더위를
가만가만 다 말씀드리지 못하고
다가오는 내일의 겨울 추위와
멀어지는 가을 식탁을 핑계로
멍멍한 눈빛으로 돌아왔다

태양은 잠으로 기울고
어두운 그림자로 따라오는
어김없는 나의
내일

남방큰돌고래

제주 해상에서 남방큰돌고래가 죽은 새끼를 등에 업고 다니는 모습이 목격됐다. 서귀포시 해상에서 돌고래가 폐그물에 걸린 채 이동하는 것 같다는 신고에, 경찰관이 현장에 출동해 확인해 보니 폐그물이 아니었다. 남방큰돌고래가 등과 앞지느러미 사이에 돌고래 사체를 얹고 이동하는 중이었다. 죽은 새끼를 떠나보내지 못하고 함께 머무는 어미의 모습이었다.

어미 돌고래가 새끼 사체를 등에 이고 다니는 모습을 우리는 처음 봤다. 새끼 곁을 떠나지 못하고 지키고 있는 이 어미 돌고래에게 무슨 사연이 있는 것일까? 이미 부패가 시작된 새끼의 죽음을 충분히 애도하려는 것일까? 아니면 며칠간 메고 다니는 것이 제주 남방큰돌고래들의 장례의식일까? 아마도 죽은 새끼를 잊지 못하는 어미의 지극한 모성애였을 것이다.

어미 돌고래가 새끼의 죽음을 애도하지 못하게 훼살을 놓는 선박들이 너무 많아 눈살이 찌푸려졌다. 아침부터 저녁까지 종일 관광객들이 돌고래들을 따라다녔기 때문이다. 돌고래들을 따라 몰려다니는 관광 선박으로 인해 남방큰돌고래들은 쉬지도 못하고, 먹이활동도 지장을 받는다. 죽음을 애도하는 돌고래 옆에 몰려온 선박들은 이 돌고래들을 그저 구경거리, 오락거리로만 취급할 뿐이다. 관광객들이 어미 돌고래라면 어떨까?

노름꾼 뽕산

송환이 숙부인 영윤이 아저씨는
넓은 구릉 비탈에 뽕나무를 심고
뽕잎을 거두어 봄비처럼 누에를 길러서
해마다 명주실에서 새 돈을 잘도 뽑았다
봄누에와 가을누에를 자식으로 길러서
겨울 삼동을 주막에서 노름으로 보냈다
종장엔 노름빚에 쫓기는 두더지가 되어
오랫동안 마을을 지키던 귀물까지
야밤에 몰래 내다 팔았다
읍내 지서에서 순경이 찾아오자
뒷담을 넘어 땅강아지로 숨어버렸다
강원도 어디서 석탄을 캔다는 소문도
서해 새우잡이 고깃밸 탄다는 말도
뜬소문에 구구한 말들이 자자하나
어디에 사는지 통 소식을 들을 수가 없다
이제 뽕나무는 늙어서 산을 이루었다
마을 사람들은 '노름꾼 뽕산'이라 부른다

대한국민
- 2025. 4. 4

오늘은 불법 계엄 선포에 대한
대통령 탄핵 심판 선고의 날이다
학교 언덕에는 민들레가 노랗게 피었고
정원에는 앵두나무와 산수유나무가
하늘을 향해 맑은 얼굴을 내밀었다
보리 같은 중학교 2학년 아이들은
2교시 음악 시간에 아리랑을 노래하고
선생님을 따라 장구를 배우고 있었다
11시부터 생중계되는 방송을
교복 입은 아이들과 함께 보며
이 나라 이 겨레 천년의 주인으로
참되게 살아가기를 정성으로 염원했다
이런 거짓된 진실이 오지 않기를……
재판관 8명의 만장일치 된 결론은
"피청구인 대통령 윤석열을 파면한다"
곧 대통령실 봉황기가 내려졌고
하늘은 파랗게 빛나고 있었다

도끼야 도끼야

도끼야 도끼야
빛나는 금도끼야
넌 어째서 이빨이 누렇니?

도끼야 도끼야
잘난 은도끼야
어찌하여 넌 눈이 하얗니?

돌로 만든 돌도끼야
쇠로 만든 쇠도끼야
어째서 넌 쪼개기만 좋아하니?

외날 도끼 양날 도끼
눈살이 시퍼런 도끼들아
네가 잠시 오르려던 궁전이
너를 어찌 보겠느냐?

이제 그만 광기를 버려라
하늘은 아직 파랗게 공정하다

매미의 자유

매미가 우는 시간은 매미마다 다르다
말매미 참매미는 오전 감나무에서 울고
유지매미 애매미는 오후 죽나무에서 울며
털매미는 하루 종일 소나무 숲에서 운다

매미의 울음소리 또한 매미마다 다르다
참매미나 말매미는 붉은 밧줄로 울고
애매미 유지매미는 하얀 빨랫줄로 울고
털매미는 초록의 솔잎으로 운다

우리 동네의 매미는 우는 게 자유다
새벽부터 까마귀와 함께 우는 참매미
아침부터 정오의 더위처럼 우는 달매미
한낮에 첨탑의 종소리 같은 유지매미
저녁이 되어도 그칠 줄 모르는 털매미

매미는 오늘도 어제처럼 운다
나무도 시간도 소리의 색깔도
땅에서 하늘에서 파랗게

배냇저고리와 삼베 수의

배냇저고리 깃저고리
이 세상에 나와
처음으로 입는 저고리
깃과 섶을 달지 않은
주머니가 없는 저고리
희고 부드러운
무명 명주

찾고 있나요?
살아가는 삶의 의미를

삼베 수의 먼 길 수의
죽은 몸뚱이에 입히는 옷
할머니가 장윗葬儀감으로
윤달에 마련하신
장롱 깊숙이 두셨던
무명 삼베

하고 있나요?
죽어가는 죽음 준비를

〈
매일 밤 자정
하루가 엄숙하게 저물고
거룩한 하루가 또 시작되는
서로 맞닿아 손잡은
삶과 죽음

살구나무 마을

놀이터 살구나무 그늘에
분홍빛 살구빛깔 엄마들이
다섯 공깃돌처럼 둘러앉아
신맛으로 군말을 지피고 있다

살구꽃 같은 아이들이
그네뛰기 모래놀이를 하다가
큰 소리로 엄마를 부른다
'엄마! 엄마! 엄마아!'
'얘가 바보 멍청이라 욕했어!'

그늘처럼 익어가는 엄마들
그런 풋살구 같은 욕쯤이야
연노란 살구로 곱게 익어서
너도살구!
나도살구!
마을도 살구!

생사일여生死一如

매미가 땅속에서 기어 나와
어둠 속에서 나무에 오른다
기어올라야만 산다

20센티로 50센티로
어떤 수상한 놈은
몇 미터 이상으로
천천히 나무에 기어올라
순간에 허물을 벗고 날아간다
날아가야만 산다

땅에서 올라온 높이가
높거나 낮거나
모두 모두가
매미가 되어 살아간다

한철 살다가 죽는 것도
살던 나무의 높이가
높았거나 낮았거나
모두가 매한가지다
죽어야만 산다

소서小暑의 -소서

하지와 대서의 작은 더위
논매기하던 손호미가
논두렁 깎던 풀베낫이
대장간에서 사라지고
무너지는 대장간에
안 보이는 대장장이

새싹을 한 방에 때려잡는
줄창 살초제나 뿌리는
새순이 올라오지 못하도록
비닐로 확 덮어버리는
죽임과 죽음의 소서

풀씨들이 한낮으로 여물고
바람이 호밀처럼 살아 있는
고추와 오이와 애호박이
빛나는 생명의 소서

숨 쉬는 것들이 살아가기를
파아란 하늘 아래에

가장 정중하게 엎드리는
소서小暑의 -소서

손돌바람

태양 황경이 240°에 오는 소설小雪
땅이 얼고 살얼음이 잡히지만
따뜻한 햇볕이라 소춘小春이다

소설 무렵은 손돌이 죽던 날로
그가 죽은 손돌목을 지날 때는
억울한 원혼의 손돌바람이 분다

'배는 아무 때나 함부로 띄우지 말고
힘 있는 자나 돈 많은 자와의 만남은
바람결이 더욱 강하여 피하는 것이 좋다'

오늘도 어김없이 바람은 불고 있다

겨울밤

쌀랑쌀랑
싸락눈이
내리는
초저녁

흩어진
나무토막을 모아
불을 지피는
겨울밤

눈은 그치고
붉은 숯덩이만
졸고 있는
불자리

나무처럼
타야 할 때를
새겨보는
자정 무렵

홍산마늘 홍성마늘

 충청남도 홍성군은 '홍산마늘'을 '홍성마늘'로 이름을 바꾸어 홍보에 나섰다가 구설수에 올랐다. 홍보영상은 한 여성이 마늘 탈을 쓴 남성의 허벅지를 더듬으면서 "단단하네, 알이 참 굵고, 가까이서 보니까 더 잘 생겼네. 우리 홍산이 하고 싶은 거 다 해. 굵고 단단한 홍산마늘."이라는 영상과 멘트가 담겼다. 영화 '말죽거리잔혹사'와 어떤 전임 대통령 재임 때 "우리 이니 하고 싶은 거 다 해."를 패러디한 것으로 추정돼 선정성과 정치적 논란을 낳았다.

 군청 관계자는 "7월 마늘 출하기를 앞두고 새 광고 제작에 들어갔으나 완성이 덜 되어 어쩔 수 없이 예전 '홍산마늘' 광고를 그대로 썼다가 이 같은 일이 벌어졌다."고 해명했다. '알이 굵고 단단하다'는 선정적 영상으로 논란을 빚은 '홍산마늘'이 인제 수출길에 오른다고 한다. 군청 관계자는 "마늘이 무슨 죄가 있느냐."면서 "값싼 외국산 마늘 수입 탓에 국내 마늘 폭락의 불안감이 커지는 상황에서 수출을 통해 신시장을 개척하는 것은 좋은 대안."이라고 말했다. "마늘이 무슨 죄여? 안 그런가?"

회색 울타리

꼭 고만고만하게
더 이상 자라지 못하게
빙빙 돌아가는 전기톱으로
각지게 직선으로
네모나게 빤듯하게
깎고 꺾고 자르고
손발 모두 조져서
시멘트 벽돌 같은
새빨간 명찰 같은
근사한 울타리
생명이 죽은
쥐똥나무 울타리
회색 울타리

■□ 해설

그리움의 힘을 인화해가는 서정의 사제司祭
– 강웅순의 시세계

유성호(문학평론가, 한양대학교 국문과 교수)

1. 삶을 반추하고 성찰하는 회귀(回歸)의 시인

서정시는 시인 자신이 겪어온 오랜 경험적 기억을 담아내는 언어 예술이다. 그 안에는 지나간 시간의 결과와 함께, 시인 스스로 몸에 지문(指紋)처럼 지녀온 그리움 같은 본원적 정서가 반영되게 마련이다. 이러한 서정시인으로서의 위상과 성격을 갖춘 강웅순 시인이 신작시집 『들꽃 선생님』(시산맥, 2025)을 펴낸다. 이 시집은 시인 자신의 정신적 기원(origin)이자 바탕이라고 할 만한 구체적 대상들을 하나하나 호명하고 있다. 시인은 학교에서 만난 학생들이나 사랑하는 가족, 그리고 세상을 살아가는 숱한 타자들을 불러내서 그들이 자신의 현재적 삶과 얼마나 친화적으로 공존하며 결속하고 있는지를 노래한다. 이처럼 강웅순의 따뜻한 마음과 언어는 지나간 시간에 대한 절실한 그리움에 의해 감싸여 있다. 그 점에서 그는 서정시를 통해 자신의 삶을 반추하고 성찰하는 전형적인 회귀(回歸)의 시인이다. 그의 시편들에는 오랫동안 흔들려온 시간이 아름답게 녹아 있고 '새로운 기억'을 마련해가려는 시인의 의지가 강렬하게 배어 있다. 이때 '새로운 기억'이란 과거를 정확하게 재현하는 원리가 아니라 현재의 삶에서 옛 질서를 발견하고 그것을 더 소중하게 간직하려는 정신의 힘을 말한다. 강웅순의 시는 광활한 시공간을 가르고, 삶과 죽음을 가로지르는 상상력으로 발원하면서, 한층 더 그리움의 힘을 인화해가는 '새로운 기억'의 예술이다. 이제 그 언어적 흐름 속으로 환하게 들어가 세상의 심연을 투시하는 그만의 서정을 만나보도록 하자.

2. 구체적 시공간의 기억과 원체험의 변형

일찍이 독일의 철학자 하이데거(M. Heidegger)는 언어를 '존재의 집'으로 명명한 바 있다. 이는 언어가 단순한 의사소통 수

단이 아니라 인간 존재를 가능하게 하는 가장 근본적인 조건이라는 뜻을 담고 있다. 강웅순 시인은 자신의 '존재의 집'을 통해 내면 깊이 가라앉은 내밀한 경험들을 오랜 시간 속에서 불러내고 있다. 이때 그러한 회상과 표현을 가져다주는 시간은 존재의 심층(深層/心層)을 돌아볼 수 있는 둘도 없는 물리적 기반이 되어준다. 따라서 우리가 지어가는 '존재의 집'에는 시간에 대한 양도할 수 없는 믿음이 깔려 있게 된다. 강웅순 시인은 흘러간 시간에 대한 사실적 재현에 매진하지 않고, 그것을 둘러싼 과정적 속성을 아름답게 발견하고 구축해간다. 시인이 선택하고 재구성하는 그 시간이야말로 가장 아른다운 서정적 질료가 되고 있는 것이다. 그 흐름 속에서 모든 사물은 조금씩 이울어가고 결국은 하나씩 사라져가게 된다. 그리고 시인은 사라짐의 잔상(殘像)을 진중하게 되불러내어 자신의 언어를 그 안에 풀어놓는다. 다음 작품들을 먼저 읽어보자.

여물 써는 소리 헛간에 묻히고

굴뚝새 흩어지는 불나무 화음에

쇠죽 끓는 가을마당이 저물어

〈

열사흘 달빛 젖는 저녁 싸락눈

그리움 글썽한 여물 솥 눈물점

- 「가을마당이 저물어」 전문

쌀랑쌀랑

싸락눈이

내리는

초저녁

흩어진

나무토막을 모아

불을 지피는

겨울밤

눈은 그치고

붉은 숯덩이만

졸고 있는

불자리

〈
나무처럼

타야 할 때를

새겨보는

자정 무렵

- 「겨울밤」 전문

　가을마당이 저물어가는 순간이 아름답게 포착되고 부조(浮彫)된다. 모든 사물이나 현상이 제자리로 돌아가는 저녁이 되면 여물을 썰거나 굴뚝새가 흩어지거나 쇠죽 끓는 소리들도 함께 시간을 따라 잦아든다. 그렇게 싸락눈처럼 저물어가는 "그리움 글썽한 여물 솥 눈물점"이야말로 눈부시게 밝고 화려한 것들이 아니라 가을마당처럼 이울어가는 사물들의 본래적 속성을 적실하게 은유한 것이다. 그런가 하면 싸락눈 내리는 초저녁이나 모닥불을 지피는 겨울밤 역시 모든 것이 소멸해가는 상황이다. 눈은 그치고 붉은 숯덩이만 졸고 있을 때 시인은 "나무처럼/타야 할 때"를 새겨본다. 겨울밤에 상상해보는 그 소진의 순간이 아름답게 다가오지 않는가. 그렇게 강응순 시편에는 "여물을 끓이던/저녁 연기"(「흰 구름 가는 길」)나 "하얀 물새들 날개 접은/적막한 저 하늘"(「오동꽃 감꽃」)이 가만가만 소멸 직전의 빛으로 찾아온다.

　이처럼 강웅순 시인은 구체적 시공간을 선연하게 재현하면서 낱낱 사물이나 현상이 저물어가는 순간을 천천히 기록해간다. 그러한 순간적 기록으로서 그의 시는 단연 돌올하다. 이때 시인의 내면에 오래도록 간직되어온 원체험은 그로 하여금 시쓰기를 가능하게 해주고 나아가 지속적 동일성을 견지하게끔 해주는 창의적 발원지가 되어준다. 어쩌면 시인은 스스로의 원체험을 끝없이 변형하고 선택하면서 자신만의 개성을 구현해가고 있는지도 모른다. 결국 강웅순은 구체적 시공간의 기억과 원체험의 예술적 변형을 통해 시를 써간다고 할 수 있을 것이다. 여기서 그의 남다른 기억은 새로운 미학적 열정에 의해 형태를 입으면서 시인 스스로 갈망하는 삶의 형식을 고스란히 담아내게 된다. 이러한 경향은 그의 존재론을 선명하게 드러내면서도 시의 안쪽에서도 지극히 넓고 아득한 언어로 몸을 천천히 바꾸어간다.

3. 사람살이를 섬세하게 관찰하고 사랑하는 인생론의 시

　모든 사물은 시간을 따라 낡아가고 궁극에는 소멸한다. 우리의 몸이나 생각 혹은 기억도 예정된 퇴화의 길을 걸어간다. 그래서 시간을 투시하는 통찰력과 시간에 대해 예민하게 반응하는 감각은 한 사람에게 반비례할 가능성이 높다. 따라서 한 사람의 생각과 기억은 어긋나기 쉬운데, 그 어긋남이 또 하나의 자각을 가져다주는 동기를 마련하기도 하니 이 또한 서정시가 가지는 역설 가운데 하나일 것이다. 강웅순 시인은 이러한 원리에 기대면서 자신만의 서정성을 선연하게 보여준다. 그의 시는 투명한 기억을 안은 채 자기 확인 의지를 정점에서 들려준다. 그는 자신의 현재형을 발견하고 다시 그 힘으로 옛 기억을 돌아보는 과정을 통해 이러한 미학적 성취를 이루어간다. 그 과정은 삶을 깊고 넓게 받아들이려는 의지에 의해 받쳐져 있고, 그 의지는 스스로에 대한 반성적 사유와 균형을 이루는 방향으로 나타나고 있다. 이때 시인은 자신이 지향하는 미학적 가치를 끌어들이면서도 그것에 충실하지 못했던 삶을 반성적으로 사유하는 품격을 보여주기도 하고, 기억 속에 잠긴 다양한 상황을 기록하기도 한다. 이러한 예술적 원리는 기억 자체가 스스로를 드러내는 방식을 취하기도 하고, 지극한 사랑으로 그것을 전유하는 방식으로 나타나기도 한다. 이 모든 것이 삶의 안팎에 대한 투명한 응시의 결과일 것이다. 그 점에서 강웅순은 사람살이에 대한 섬세한 관찰과 사랑을 수행하는 인생론의 시인이 아닐 수 없다.

> 소를 팔러 가는 날
>
> 할아버지는 새벽부터
>
> 쌀겨를 두 바가지나 더 넣어
>
> 말없이 쇠죽을 끓였다
>
> 외양간에선
>
> 구유통을 비우는
>
> 목젖의 힘줄에 따라
>
> 워낭이 자꾸 흔들렸다
>
> 이슬 젖은 마당에
>
> 빗자루를 든 할머니는
>
> 곱게 곱게 잔등을 쓸었다
>
> 결별이 처음인
>
> 그렁그렁한 아이는
>
> 송아지가 되었다
>
> 　　　　　　　　　　－「결별」 전문

이 애잔한 결별 장면은 삶의 고비마다 우리가 만나게 되는 불가피한 고통의 순간을 담고 있다. 할아버지가 소 팔러 가는 날에 새벽부터 소에게 베푸는 마지막 배려는 "쌀겨를 두 바가지나 더" 넣어 쇠죽을 끓이는 것이었다. '외양간'과 '구유통'과 '워낭' 같은 그 시절의 세목이 시간을 따라 흔들린다. 이슬 젖은 마당에 나오신 할머니는 빗자루로 소의 잔등을 곱게 쓰셨다. 소는 그렇게 "결별이 처음인/그렁그렁한 아이"와 헤어지고 그 아이는 어엿한 '송아지'로 자랐다. 이러한 결별의 애틋하고도 슬프게 번져오는 힘은 할아버지나 할머니를 비롯한 인간 보편의 삶이 그대로 반영된 형상일 것이다. 이처럼 강웅순 시인은 사람살이를 섬세하게 관찰하고 사랑하는 서정의 사제(司祭)로서 단연 우뚝하다. 그리고 그 모습은 "삶은 하루하루 가슴에 엉겅퀴를 붙이고 살아내는 것"(「엉겅퀴」)이라든지 "세상살이의 만남과 헤어짐은/웃음과 눈물을 모두 지닌/삶의 중심이고 균형"(「97세 이모님이」)이라는 자각과 긴밀하게 연결되고 있다. 모두 '시인 강웅순'의 넓은 품과 깊은 눈을 보여주는 또렷한 실례가 아닐 수 없을 것이다.

    하늘 맑은 개천절에

노모가 계신 요양원을 찾았다

아내와 아들을 데리고

가까운 명태 명가에서
반 공기 점심을 드시고
차 한 잔을 다 하지 못한 채
3층의 요양시설로 귀원하였다

지난 봄꽃과 여름 더위를
가만가만 다 말씀드리지 못하고
다가오는 내일의 겨울 추위와
멀어지는 가을 식탁을 핑계로
멍멍한 눈빛으로 돌아왔다

태양은 잠으로 기울고
어두운 그림자로 따라오는
어김없는 나의
내일

― 「나의 내일」 전문

여기서도 인간 보편적 삶에서 생겨나는 결별의 모습이 세대론의 성격을 띠고 나타난다. 시인은 아내와 아들을 데리고 노모가 계신 요양원을 찾았다. 하늘 맑은 개천절 날이었다. 어머니는 점심식사를 하시고 귀원하셨는데, 그 시간 동안 어머니께 "지난 봄꽃과 여름 더위"를 말씀드리지 못했다. 미구에 닥칠 "내일의 겨울 추위와/멀어지는 가을 식탁"을 핑계 삼아 집으로 돌아왔을 뿐이다. 그런데 바로 그 시간이 '나의 내일'처럼 "태양은 잠으로 기울고/어두운 그림자로 따라오는" 것이 아닌가. 결국 '나의 내일'은 "한쪽이 기울면/그 반쪽도 기운"(「수평」) 것처럼 어김없이 찾아올 것이고, "서로 맞닿아 손잡은/삶과 죽음"(「배냇저고리와 삼베 수의」)처럼 이 세상의 균형을 잡아주기도 할 것이다.

강응순 시인은 시간에 대한 통찰과 예민한 감각을 균형 있게 구현하면서, 사람살이의 심부(深部)에 흐르는 시간의 불가역성에 대한 안타까움을 노래한다. 그는 시간의 흐름을 불가피한 실존으로 받아들이면서, 거기서 비롯되는 유한자로서의 자기 확인 과정을 흔연하게 보여준다. 그래서 그의 시에 나타나는 고단함은 가혹한 절망이나 느긋한 달관으로 빠져들지 않고, 세계내적 존재로서의 인간이 가지는 긴장과 성찰을 제공하고 있다. 일회성과 불가역성을 본질로 하는 시간에 역설적으로 저항

하면서 삶의 보편성으로 시간의 흔적을 탐사해가는 시인의 유의미한 인생론을 우리가 공들여 듣게 되는 것도 이 때문이 아닌가 한다. 아름답고 융융하고 가없는 진정성의 노래들이다.

4. 사물의 구체성과 다양한 언어를 통한 회감(回感)의 상상력

원래 인간의 의식과 언어는 시간이라는 실체를 정확하게 표현하는 데 일정한 한계를 가지게 마련이다. '공간'이 비교적 구체적인 지각으로 파악되고 표현되는 형식인 데 비해 '시간'은 감각의 한계를 넘어선 추상적인 개념 형식을 띠고 있기 때문이다. 더구나 언어라는 매개를 통해 표현하고자 할 때 시간은 그 구체적 형상이 더욱 잘 잡히지 않는다. 그래서 한 편의 서정시에서 시간 경험은 대체로 적절한 비유에 의해 표현되기 일쑤이며, 독자들 역시 추상도가 높은 개념보다는 구체적인 비유를 통해 '마음의 상[心像]'을 각인하게 되는 것이다. 강웅순 시인은 그러한 구체적 형상으로 아버지와 어머니를 불러온다. 자신의 존재론적 기원(起源)으로서 그분들은 가장 구체적인 인물이자 지나온 시간의 은유적 형식이기도 할 것이기 때문이다. 그동안 펴낸 시집에서도 그러하였지만, 시인은 이번에도 자신의 존재론적 기원을 단정하고 살뜰하게 활자로 소환한다. 어쩌면 그 기억의 현상학이 강웅순을 시인으로 만들었는지도 모를 일이다.

>아버지는 배를 만드는 목수다
>빛과 따뜻함과 웃음만의 행복이 아니라
>바람과 구름도 헤쳐가는 가정을 만든다
>아버지는 세상이라는 바다를 항해하는
>가정이라는 배의 선장이다
>선장의 가을은 무게를 측정할 수 없다
>아버지가 거둔 그물은 비어 있을 때도 있다
>오늘도 항해하는 아버지의 가을 바다는
>바람이 불고 비가 내려서 춥다
>
>― 「아버지의 가을」 중에서

>봄이 되어
>새잎이 돋은 후에야
>겨울의 그 빈자리를
>몸으로 알게 된 것처럼
>그 침묵의 마음을 알았습니다
>〈

사랑한다고

보고 싶다고

침묵으로 말해도

잘 들리는지요?

- 「아버지의 침묵」 중에서

아버지는 "배를 만드는 목수"로 비유된다. 그 비유는 아버지께서 바람과 구름을 헤쳐가는 가정을 만드셨기 때문에 가능했을 것이다. 혹독한 난경(難境)을 헤쳐가는 아버지는 그렇게 "세상이라는 바다를 항해하는/가정이라는 배의 선장"으로 나아간다. 하지만 아버지의 가을바다는, 비어 있는 그물처럼, 바람이 불고 비가 내려 춥기도 하였다. 또한 아버지는 겨울 빈자리처럼 오래고도 깊은 "침묵의 마음"으로 존재하시기도 하였다. 이제야 아버지께 "사랑한다고/보고 싶다고" 하여도 아버지는 여전히 침묵으로 계실 뿐이다. 이처럼 시인은 "십 년 전에 소풍을 끝내"(「봄소풍」)신 아버지를 "그리움/모아서"(「여름의 꿈」) 불러본다. 온몸의 기억이 잔잔한 떨림과 울림으로 다가오는 순간이다. 이러한 아버지 형상은 "말하지 않고도 많은 말을 해주신 선생님"(「짤짤이 선생님」) 같은 분들로 하염없이 확장해가고 있다.

소한이 이틀 정도나 지난 아침에
문둥이 둘이서 우리집엘 찾아왔다
처음에는 먹을 것을 내놓으라더니
쌀이나 보리, 고구마 등을 더 달라고 했다
보름에 한두 번 더 찾아왔다가
차츰차츰 얼굴이 익숙해지자
이젠 쇠죽가마 아궁이에 앉아 추위를 달랬다
그들은 어머니에게 아침밥을 달라는 눈빛이었고
어머니는 그들에게 식구들의 아침밥을 내주었다
나와 동생은 무서워서 밖으로 나오지 못하고
문틈으로 귀를 세우며 그들을 보고 있었다
그들은 쇠갈쿠리 손으로 밥을 맛있게 먹고
뭐라고 인사를 한마디하고 떠났다
어머니는 가족들의 아침밥을 또 지었다
나는 어머니가 무서워지기 시작하여
밥 타령 반찬 타령을 하지 않았다
그 후로 어머니는 아침밥을 자주 거르셨다

― 「어머니의 아침밥」 전문

이 시편은 일정한 서사(narrative)를 품으면서 어머니의 아름다운 모습과 마음을 더 선명하게 들려주고 있다. 추운 날 아침 찾아온 "문둥이 둘"을 맞아 어머니께서 식구들의 아침밥을 내주시는 광경이 그 안에 펼쳐져 있다. 차츰 얼굴이 익숙해지면서 그네들은 쇠죽가마 아궁이에 앉아 추위를 달랬고 어느날 아침밥을 먹고는 이내 떠났다. 어머니는 다시 가족들 아침밥을 지으셨는데 그때부터 어린 시인은 어머니께 밥과 반찬 타령을 하지 않았다. 물론 어머니는 아침밥을 자주 거르셨다. 그렇게 '어머니의 아침밥'은 누군가를 향한 가장 깊은 사랑의 마음이었고, 어린 시인에게는 어머니의 참모습을 발견하게 해준 진정한 양식(糧食)이었다. "나를 이 세상에 데려온 후/아직도 마음의 벽을 허물어주시는"(「어머니의 손 2」) 어머니는 그렇게 "아버지의 밥벌이 땟국을 씻겨내고/가족의 눈물주머니도 닦아내던"(「베란다 빨랫비누」) 분이었다. 시인이 지금도 "방학을 맞이하면/느릿한 장항선 비둘기호를 타고/고향에 홀로 계신 노모의 집이나/외할머니가 사시던 외가에 가고"(「여름 방학」) 싶어하는 것도 그러한 원천적 기억 때문일 것이다.

  한 편의 서정시에서 시간 형상은 그것을 표현하려는 시인 자신의 실제 경험을 다양하게 담아내게 된다. 그 안에는 시대적 흐름이 담기기도 하고 계절이나 풍경의 변화가 은유적 매개물로 표현되기도 한다. 우리는 강웅순 시편을 통해 삶의 면면함과 지속성을 알게 되고 일상의 삶을 통해 지난날의 확연한 실감에 도달하기도 한다. 그만큼 강웅순에게 '시간'이란 지각으로는 포착되지 않으면서도 선명한 삶의 형식으로 다가오는 그 무엇인 셈이다. 환한 기억의 식솔들이 그 형식을 따라 이어져 나오는 것도 결코 무리가 아닐 것이다. 아버지와 어머니의 삶을 통해 자신의 존재론적 수원(水源)을 제유(提喩)하는 시인은 점착성 있는 언어를 통해 오랜 시간의 흐름을 재현하고 나아가 시간의 깊이를 가멸차게 보여주었다. 우리도 그 과정에 동참하면서 오랜 마음의 흐름을 한껏 느끼게 된다. 그때 시인의 마음에 착색된 정서는 그리움일 것이고, 서정시가 보여주는 회귀 과정 또한 이러한 속성에서 그다지 멀지 않을 것이다. 결론적으로 강웅순 시인은 사물의 구체성과 다양한 언어를 통해 회감(回感, Erinnerung)의 상상력을 변주하면서 그것을 본질적인 인생론적 가치로까지 확산해내는 서정의 최전선에 서 있다 할 것이다. 지금 우리는 그러한 서정의 원리에 매으 충실한 그리움의 시학을 산뜻하게 바라보고 있다.

5. '인생'과 '학교'라는 광장을 위하여

　이번 시집에는 인간의 존재론적 기원과 궁극에 대한 강응순 시인의 지속적 탐구와 함께, 시인 자신이 겪어온 오랜 시간을 다스리고 그에 대한 심미적 기억과 성찰을 수행해가는 미학적 일관성이 담겨 있다. 그의 시는 그만큼 서정시를 '시간예술'이라 일컫는 까닭을 선명하게 입증해준다. 결국 그가 견지하는 중요한 내질(內質)은 존재자들의 기원을 살피고 시간을 사유하는 원리에 의해 펼쳐진다고 말할 수 있을 것이다. 아닌 게 아니라 이번 시집에는 시인이 사유하는 이러한 원리를 서정의 순간성 속에서 펼쳐낸 언어적 장관들이 가득 펼쳐져 있다. 비밀스럽고 오랜 순간들을 신성하고 아름다운 삶과 등가로 들려주는 그의 시는, 세계의 근원적 질서와 궁극적 가치에 대한 상상적 탈환 작업을 원리로 삼고 있는 것이다. 그 비밀스럽고 신성하고 아름다운 순간들은 때로는 '인생'으로 때로는 '학교'라는 은유로 피어나고 있다.

　　아무런 죄가 없는
　　들판의 뱀과 개구리를
　　어린 장난으로 많이도 죽였다

돌멩이로 막대기로

산야의 언덕에
그 곱던 꽃과 나무를
참 무심히도 많이 꺾었다
초동樵童의 심술주머니로
눈으로 손으로

고요한 하늘 아래
시월의 중심을 지나며
봄여름의 망상을 돌아보니
그 아찔했던 생명들이
순간순간 번갯불로 떠올라
붉고 붉은 심장에
반성문을 쓰고, 또 쓴다

— 「반성문을 쓰다」 전문

"어린 장난"이나 "초동樵童의 심술주머니"로 "아무런 죄가 없는" 생명들이 수없이 죽어갔고 꺾여갔다. 귀하고도 귀한 생명의 속성과 가치를 모를 때이니, 시인은 고요한 하늘 아래 "시월의 중심"이라는 시간을 지나면서 그때 저질렀던 "봄여름의 망상"은 두고두고 반성하게 된다. "아찔했던 생명들이/순간순간 번갯불로" 떠오르는 순간, 시인은 자신의 "붉고 붉은 심장에/반성문을" 쓰고 또 쓰는 것이다. 그 반성문이 바로 시인으로서의 글쓰기이고 교사로서의 마음 쓰기가 아닐 것인가. 온갖 생명들에서 "들릴 듯 말 듯한 언어"(「쥐똥나무」)를 발견하고 "나처럼 뒤처짐이 많은 나무"(「회양목」)나 "솔잎처럼 주름진 얼굴"(「할아버지 소나무」)을 경이롭게 바라볼 수 있는 것도 그러한 '반성'의 역할 때문일 터이다. 결국 그것은 생명에 대한 사랑일 것인데 시인은 한 걸음 더 나아가 "죽은 새끼를 잊지 못하는 어미의 지극한 모성애"(「남방큰돌고래」)를 기리기도 하고 "평화란 들판에 핀 꽃의 질서이거나/모내기 마친 무논의 개구리울음"(「들꽃 선생님 - 박정석 선생님」)이라고 되뇌기도 한다.

    봄맞이꽃 아침을 열고
    벚꽃 목련이 내일을 꽃피우는
    개나리 소녀들이 꿈꾸는 학교

    무궁화 배롱나무가 여름을 태우고
    꽃사과 산사춘이 가을로 여무는

마가목 소년들이 성장하는 학교

태양의 맨발이 드러난 운동장에
마음 구겨진 꽃들 하나 없는
하늘 높이 공을 차는 학교

흰 구름 궁전이 바라보는 교정에
새들이 파아란 알을 낳고
그 새끼들을 잘 기르는 학교

평화의 시화를 그리는 국어 선생님
눈이 맑고 귀가 밝은 초임 선생님
바람 소리로 합창하는 음악 선생님
체험학습을 혼자 떠나는 사회 선생님
교문이 선생님처럼 활짝 열린 학교

꽃이 피면 꽃들과 눈을 마주하고
비가 오면 빗소리에 귀를 내주고
눈이 오면 함께 눈사람이 되는
교정이 사계절 살아 있는 학교

〈
오늘도 하루가 단단해져서
배움터에는 새싹이 환해지고
밤하늘의 별들과 마주하는
학교들의 학교
우리 학교

- 「우리 학교」 전문

  이 시편에 담긴 시인의 목소리에는 학교에서 느끼는 희망의 마음이 깊이 담겨 있다. 오래도록 교사로 지내온 시인은 아이들의 성장에 필요한 자양에 대해 민감하게 사유한다. 가령 상처받고 아파하는 아이들에게 위안과 치유의 말을 건네면서 그들이 추구해가야 할 삶의 가치를 암시하는 데 골몰한다. 그것은 성년 이전 아이들의 순수성을 바라보는 과정이자 성년이 되어 스스로의 지난날을 바라보는 과정이기도 하다. 이때 우리는 사랑을 가득 묻히고 살아가는 아이들의 모습을 감싸면서 '교사-시인'으로 살아온 그의 목소리를 아련하게 듣게 된다. 시인은 '우리 학교'라는 제목 아래 가장 이상적인 학교 현장을 그려간다. '봄맞이꽃'과 '벚꽃 목련' 피우는 "개나리 소녀들이 꿈꾸는 학교", '무궁화 배롱나무'와 '꽃사과 산사춘'이 여물어가는 "마가목 소년들이 성장하는 학교"야말로 소년소녀들의 순수하고 예쁜 리듬이 살아있는 삶의 광장이 아닐 것인가. 그런가 하면 "하늘 높이 공을 차는 학교"나 "새들이 파아란 알을 낳고/그 새끼들을 잘 기르는 학교"는 더 없는 생명력으로 가득하다. 그리고 "평화의 시화"를 그리고 "눈이 맑고 귀가 밝은" 선생님, "바람소리로 합창"하고 "체험학습을 혼자 떠나는" 선생님처럼 교문이 열린 학교는 꽉 막힌 요즘 학교 이미지를 훌쩍 넘어서는 아름다운 학교 상(像)으로 충일하다. 그렇게 "새싹이 환해지고/밤하늘의 별들과 마주하는/학교들의 학교"야말로 시인이 꿈꾸었던 '우리 학교'였을 것이다. 그리고 그 '학교'는 '삶'과 나란히 설 그만의 광장이었던 셈이다. 그 학교에서 오랫동안 "오월 하늘에 잘 오른 솔 순 같은/사랑의 언어와 진실의 문장 구문"(「오늘은 무엇을 배울까?」)을 가르쳤던 '교사 강웅순'은 스스로 "손은 염원처럼 순해지고/강아지처럼 날뛰던 발길도 줄어서/청년이 되고 아버지가 되어/모국어를 가르치는 선생으로 살았다"(「손등버섯꽃」)라고 고백하기에 이른다. 그 가르침은 사회적으로 확장되고 역사적으로 심화되어 "하얀 쌀밥을 고봉으로 먹고//자줏빛 등불로 참 환해졌으면"(「근르자의 날」) 하는 소망으로 이어져가고 "순이 삼촌/한라산 굴속에/밥 지을 때"(「청미래덩굴 청가시덩굴」)를 기억하면서 "이 나라 이 겨레 천년의 주인으로/

참되게 살아가기를 정성으로 염원"(「대한국민 - 2025. 4. 4」)하는 곳으로 나아가게끔 해주기도 하였다. '교사-시인 강웅순'의 가장 아름다운 마음이 피어난 순간이었을 것이다.

 결국 이번 시집에서 시인은 인생이라는 학교에서의 남다른 경험과 기억을 성찰의 의지로 갈무리하였다. 자신의 시적 수심(水深)을 들여다보는 과정을 통해 자신만의 시적 표지(標識)를 이루어냈다. 그 과정은 퇴행적이거나 회고적이지 않고 오히려 경험과 기억을 성찰하는 과정에서 역동적 꿈의 세계를 잃지 않는다. 물론 그 꿈은 존재론적 비원(悲願)을 품고 있지만 시인의 존재론적 도약을 수반하고 있다는 점에서 삶의 굳건한 원동력으로 되살아난다. 그렇게 시간에 대한 회상 형식으로 나타나면서 동시에 우리로 하여금 훼손되지 않은 기억을 통해 근원적 이치를 경험하게 해주는 강웅순의 시는 오랜 세월 교직에 몸담으면서 지켜온 스승으로서의 아이들에 대한 사랑을 가장 부드럽고 성숙하게 내비치고 있다. 그것은 '인생'과 '학교'라는 광장을 위하여 뛰어온 시간에 대한 스스로의 헌사이기도 할 것이다.

 서정시는 대상을 향한 지극한 마음으로 어떤 순수 원형에 이르고자 하는 지향을 거두지 않는다. 이러한 속성은 때로는 커다란 스케일로 때로는 미시적 디테일로 서정시를 완성시키면서 어떤 근원적 중심을 향하게끔 인도해준다. 그 안에는 구체적인 삶이나 사물로부터 생성하여 항구적 차원을 열망해가는 과정이 곡진하게 담겨 있게 마련이다. 특별히 시인들은 삶과 사물의 근원과 영원을 동시에 탐구하는 치열한 사유와 감각을 보여줌으로써 자신만의 개성과 보편성을 성취하게 된다. 올해 "끝을 헤아리지 못하고 달려온/지난 36년 교직의 길"(「시인의 말」)을 마치는 강웅순 시인이 진솔하게 펼쳐낸 삶의 궁극에 대한 열망과 진정성을 우리가 반가이 맞이하는 까닭도 여기에 있을 것이다. 이 같은 강웅순 시인의 소중한 시편들 앞에서 우리는, 앞으로도 시인이 더욱 깊고 아스라한 눈길로 아름다운 서정시를 써가기를 소망해보게 된다. 정년퇴임을 축하드리면서, 인생 후반기를 더욱 강녕하고 아름답게 지내시기를, 오랜 우정을 담아 기원해 마지않는다.